PANÉGYRIQUE

DU BIENHEUREUX

J.-B. DE LA SALLE

Par Mgr PÉCHENARD

PROTONOTAIRE APOSTOLIQUE

VICAIRE GÉNÉRAL

Cathédrale de Reims, 22 Juin 1888

REIMS

F. MICHAUD, LIBRAIRIE ANCIENNE ET MODERNE

Rue du Cadran-Saint-Pierre, 23

M DCCC LXXXVIII

PRIX : **60** centimes

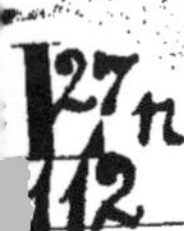

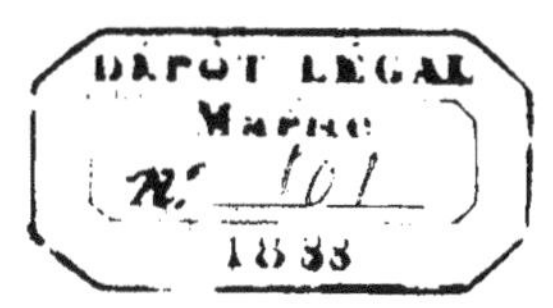

PANÉGYRIQUE

DU BIENHEUREUX

J.-B. DE LA SALLE

Par Mgr PÉCHENARD

PROTONOTAIRE APOSTOLIQUE

VICAIRE GÉNÉRAL

Cathédrale de Reims, 22 Juin 1888

REIMS

F. MICHAUD, LIBRAIRIE ANCIENNE ET MODERNE
Rue du Cadran-Saint-Pierre, 23

—

M DCCC LXXXVIII

PRIX : **60** centimes

Fuit homo missus a Deo, cui nomen erat Joannes. Hic venit.... ut testimonium perhiberet de lumine, ut omnes crederent per illum.

Il y eut un homme envoyé de Dieu, du nom de Jean-Baptiste ; il vint pour rendre témoignage à la lumière, afin que tous crussent par lui.

(JOAN. I. 6, 7.)

ÉMINENCE [1],

MESSEIGNEURS [2],

MES CHERS FRÈRES,

Parce que tout bien découle de Dieu comme de sa source première [3], Dieu ramène tout à sa gloire et veut être tout en toutes choses [4]. Quand il lui plaît de réaliser quelque grand dessein de son amour pour

[1] Son Éminence Mgr le cardinal LANGÉNIEUX, archevêque de Reims.

[2] NN. SS. GONINDARD, archevêque titulaire de Sébaste, coadjuteur de Rennes ; THIBAUDIER, évêque de Soissons ; MARPOT, évêque de Saint-Claude ; JACQUENET, évêque d'Amiens ; LAMAZE, évêque d'Olympe ; KOPPES, évêque de Luxembourg ; d'HULST, recteur de l'Institut catholique de Paris.

[3] *Omne donum perfectum desursum est, descendens a Patre luminum.* (JACOB, I, 17.)

[4] *Universa propter semetipsum operatus est Dominus.* (Eccles. XVII, 4.)

les hommes, il se choisit un instrument, qu'il prend souvent faible et débile; il le façonne à son gré, et s'en sert pour opérer des merveilles. Ce qu'il demande tout d'abord de celui dont il fait choix, c'est de bien comprendre qu'il n'est qu'un instrument, de savoir mourir à soi-même, de se laisser diriger par la main du divin artiste, et de ne nourrir d'autre ambition que celle d'accomplir la volonté et de procurer la gloire du Maître qui daigne l'associer à son œuvre. A cette condition, mais à cette condition seulement, l'instrument devient apte aux plus grands desseins; sans elle, il est rejeté comme inutile. Ainsi, Jean au désert, qui ne s'estimait qu'un souffle aérien et n'aspirait qu'à être oublié, fut choisi pour préparer les voies au Sauveur du monde; ainsi, Jean-Baptiste de La Salle, par son humilité, par son abnégation, par sa docilité à suivre les inspirations divines, fut trouvé digne, lui aussi, d'être envoyé, comme le porte-voix du Verbe, vers les classes populaires, et de préparer le chemin à la vérité dans une infinité d'âmes.

Ah! sans doute, même à en juger par les vues du monde, Jean-Baptiste de La Salle ne fut pas sans grandeur personnelle. Aussi j'aurais le droit, Mes chers Frères, en ce moment où j'ai l'insigne honneur d'être appelé à le louer devant vous, qui êtes tout à la fois ses concitoyens et les amis de son Institut, j'aurais le droit de faire briller à vos yeux l'esprit vaste et puissant de ce grand homme, et de vous montrer en lui, à côté d'un vif sentiment des besoins populaires, le coup d'œil qui saisit, la sagesse qui organise, la prudence qui évite les écueils et la persévérance qui use les difficultés; je pourrais vous le peindre concevant la plus hardie de toutes les entreprises, osant se mesurer à des obstacles plus hauts que les montagnes et plus durs que le granit, et luttant, comme le héros de l'antiquité, contre les flots écumeux de l'épreuve; je pourrais enfin tenter de lui dresser un piédestal superbe, tel que l'orgueil se plaît à en ériger au génie. Mais par cet apparat tout mondain je craindrais d'offenser un Saint qui fit litière de tous ces avantages. Je craindrais surtout de trahir mon devoir et votre attente; car vous êtes venus ici, Mes chers Frères, pour entendre de plus hautes leçons, et je dois à vos âmes de plus saints enseignements. Que l'antiquité païenne ait loué ses héros pour exalter leur gloire, on le comprend; mais la religion chrétienne ne loue ses Saints que pour engager les peuples à leur rendre des hommages religieux, et pour exciter les auditeurs à la vertu par le spectacle de leurs exemples. *Ut et illis debitus honor dicetur, et nobis virtutis exempla monstrentur*[1].

Qu'offrirai-je donc dans ce discours, Messeigneurs et Mes Frères, à vos esprits et à vos cœurs? Le portrait d'un Saint, beaucoup plus que celui d'un grand homme. Remarquez que si j'avais à louer un homme simplement illustre, je me préoccuperais avant tout

[1] Saint Jean Chrysostome, t. III, Serm. I, *de Mart.*

de ses actes publics, et ne toucherais que discrètement à ses actes privés, tombeau ordinaire de tout prestige. Mais ayant à faire l'éloge d'un Saint, je pénétrerai avec assurance dans les replis de sa vie intime, et je chercherai, jusque dans le mobile le plus secret de ses actes, ses vrais titres de gloire et ses droits à notre vénération. Et pourtant, même en nous plaçant à ce point de vue, vous ne verrez dans la vie de ce grand Serviteur de Dieu ni miracles, ni visions, ni ravissements, ni prophéties, ni aucun de ces faits merveilleux qui frappent le vulgaire, et qui ne sont pas la sainteté. Mais en revanche, vous y verrez la foi, l'espérance et la charité, la douceur et la patience dans les épreuves, l'abnégation et la mort à soi-même, l'habitude de la prière, la recherche de la volonté de Dieu, l'humilité et l'obéissance portées au degré le plus héroïque; vous y verrez, en un mot, le vrai portrait de Jésus-Christ doux et humble de cœur; et c'est par la grandeur de ces vertus intimes que vous pourrez vous rendre raison à vous-mêmes de la grandeur des œuvres que Dieu a daigné opérer par ses mains.

Que les esprits avides de merveilleux, qui aiment l'éclat et la variété des faits, portent donc ailleurs leur curiosité. Ici tout est simple, tout est modeste, tout est caché. Mais plus l'homme s'efface et disparaît, plus Dieu se montre, et plus il est manifeste que le Bienheureux Jean-Baptiste de La Salle n'a été entre ses mains qu'un instrument de sa miséricorde.

Nous l'étudierons donc, Mes chers Frères, d'abord

dans le travail de la préparation divine, où Dieu le façonne pour son œuvre; puis dans la fondation d'un Ordre religieux exclusivement destiné à l'éducation du peuple; et enfin, dans l'organisation de ce système d'enseignement primaire dont il a doté le monde. Envoyé de Dieu, Fondateur d'Ordre, Éducateur populaire, tels sont les trois caractères que nous allons considérer, avec la grâce de Dieu et l'assistance de la Vierge Marie, dans la personne du Bienheureux Jean-Baptiste de La Salle.

I

N'est-ce pas un trait vraiment digne de Dieu, Mes chers Frères, d'avoir donné pour patrie au grand éducateur des peuples modernes la noble nation de France, la fille aînée de l'Église, et pour berceau la capitale religieuse, la ville sainte de ce beau royaume, l'antique cité de Reims? C'est à Reims que Remi et Clovis avaient fait la France chrétienne, c'est à Reims que Jeanne d'Arc en avait sauvé l'unité, c'est de Reims vraiment qu'il convenait que partît le mouvement de sa régénération intellectuelle et morale.

Ah ! si Dieu daigna sourire ainsi à notre ville et à notre patrie, c'est qu'en ce temps-là des âmes saintes priaient. Qui ne sait, en effet, qu'à la vue de la corruption et des désordres qu'entraînait à sa suite l'ignorance populaire, le vénérable Bourdoise [1] et plusieurs de ses amis avaient formé, en mars 1649, une sainte ligue de prières, bientôt répandue par toute

[1] Supérieur du Séminaire de Saint-Nicolas du Chardonnet, à Paris.

la France, afin d'obtenir du ciel, par l'intercession de saint Joseph, le remède à ce fléau? Or, deux ans plus tard, le 30 avril 1651, naissait dans nos murs, à l'*Hôtel de la Cloche*, rue de la Chanvrerie [1], Jean Baptiste de La Salle, le futur fondateur des Frères des Écoles chrétiennes. Comment douter que cet enfant de bénédiction ne fût le fruit de tant de prières, le présent envoyé du ciel, *homo missus à Deo?*

Que ce me serait une douce et facile tâche, Mes chers Frères, de louer ici la noblesse de son extraction et de relever l'antiquité de cette illustre famille venue du Béarn dans nos contrées du Nord, portant avec elle sept siècles de glorieux souvenirs et vivant de grandes traditions d'honneur et de vertu! Qu'il me plairait de célébrer devant vous l'intégrité de son père, Louis de La Salle, conseiller du roi au présidial, et les douces qualités de Nicole Moët de Brouillet, sa mère [2], et de le faire mouvoir au milieu de cette brillante pléiade des Coquebert, des Frémyn, des Maillefer, des Lespaignol, des Proizy, des Parchappe de Vinay, l'honneur de la cité rémoise, parents, alliés et amis de sa famille! Mais pourquoi nous attarder sur une gloire toute humaine, que notre

[1] Aujourd'hui rue de l'Arbalète. L'*Hôtel de la Cloche* était au nº 4 de la rue. On y voit actuellement une inscription qui rappelle la naissance du Bienheureux Jean-Baptiste.

[2] Baptisé dans l'église de Saint-Hilaire, Jean-Baptiste eût pour parrain Jean Moët de Brouillet, et pour marraine, Perrette Lespaignol, ses aïeuls maternels.

Bienheureux ne connut que pour la fouler aux pieds ?

Confié au plus suave et au plus salutaire des sacerdoces, celui d'une tendre et pieuse mère, Jean-Baptiste apparaît, dès le berceau, visiblement prédestiné à la sainteté. Nouveau Tobie, il ne connaît de l'enfance que les charmes de la retenue et de la modestie. La grâce divine voulant en faire un de ses chefs-d'œuvre, la piété prévient en lui la raison, et ses amusements sont déjà des essais de vertu. Bercé aux harmonies de la musique, il ressent une horreur invincible pour ces airs de théâtre qui ne flattent les sens que pour amollir l'âme et pervertir le cœur, et, dès ses premières années, il se dérobe aux fêtes innocentes du toit paternel pour se faire lire la vie des Saints. Déjà l'église fait toute sa joie ; il y paraît avec le recueillement d'un séraphin, il est saisi de respect et d'attrait pour le ministère sacré ; au pied des autels, son âme virginale s'éprend de l'amour de Jésus-Christ, de la Vierge Marie et des saints ; déjà le sacerdoce lui apparaît comme l'idéal à poursuivre, et le monde reste à ses yeux sans appât. Croissez, ô croissez, aimable Éliacin, Dieu se plaît à verser sur vous tous les dons de la nature et de la grâce ; ne craignez pas de répondre à ses avances, car vous préparez ainsi votre âme à la carrière qu'il va bientôt ouvrir devant vous !

Attentif à la voix de Dieu, à peine Jean-Baptiste a-t-il entendu son appel au fond de son cœur qu'il répond comme Samuel : « Seigneur, me voici ! Vous me voulez à votre service ? Je serai votre prêtre et n'aurai point d'autre partage. » Si la tendresse paternelle s'alarme, si la nature réclame, si les intérêts d'une nombreuse famille font d'abord obstacle à ce dessein, bientôt la foi qui, dans ces temps heureux, décidait de la conduite des parents, incline les volontés humaines devant celle de Dieu, et Jean-Baptiste achève la victoire par l'exquise délicatesse de sa prière. Il sera donc tout à Dieu.

L'Église de Reims possédait alors un Chapitre, l'un des plus illustres du royaume, qui formait un corps aussi nombreux que riche et influent. De ses rangs, comme d'une fertile pépinière, étaient sortis une multitude d'évêques, de cardinaux, de papes et de saints. Aussi, l'honneur d'y être reçu suffisait-il aux plus hautes ambitions. A quinze ans, Jean-Baptiste de La Salle voit s'ouvrir devant lui les portes de cette noble compagnie. Le chancelier de l'Université de Reims, Pierre Dozet, frappé de sa vertu précoce, résigne sa stalle en sa faveur, et les chanoines, jeunes et vieux, heureux de le posséder, s'inclinent déjà avec respect devant sa ferveur et sa régularité [1].

Consacré dès lors à la prière publique, il se voue à la retraite, au recueillement et à l'esprit intérieur, il cherche lumière et force dans l'oraison, il prie le jour, il prie la nuit, il abrège son sommeil par de cruelles industries afin de prier davantage et ce qui

[1] Le Bienheureux Jean-Baptiste occupa la 21e stalle.

lui reste de temps, il l'emploie à visiter les pauvres, à les secourir et à les consoler.

Mais voici qu'au seuil de l'adolescence il entend au fond de son cœur les sourds grondements de la nature. Aussitôt il prend vigoureusement l'offensive, et, pour établir en son âme le règne de la vertu, il commence contre son corps cette lutte effrayante qui ne finira plus qu'avec sa vie. Les jeûnes, les épines, les cailloux, les couches de bois font expier à la chair ses tentatives de révolte et la soumettent au joug salutaire de l'esprit.

Cependant, au soin de sa sanctification le jeune chanoine joint la culture de son esprit ; car il sait que la science est l'auxiliaire indispensable du zèle ecclésiastique, que le Saint Esprit l'exige du prêtre [1], et que le saint Concile de Trente en fait un devoir plus particulier aux chanoines [2]. Aussi, après avoir cultivé les lettres humaines à l'Université de Reims, où il fut la joie de ses maîtres et le modèle de ses condisciples, et où sa modestie lui fit pardonner ses triomphes, il veut aller puiser à leur source les lettres divines et les vertus ecclésiastiques.

Saint-Sulpice était dès lors considéré comme « le

[1] *Labia enim sacerdotis custodient scientiam, et legem requirent de ore ejus.* (MALACH., II, 7.)

[2] Le saint Concile de Trente demande que les chanoines des églises cathédrales soient docteurs ou licenciés en théologie ou en droit canonique. (SESS. XXII. *De Reformat.*, cap. II.)

sanctuaire du véritable esprit sacerdotal »; « déjà les actions des maîtres n'étaient que le commentaire des principes formulés par leur bouche »; « déjà l'on s'y attachait à faire des saints plus qu'à les préconiser ». Aussi, qui dira les progrès que fit Jean-Baptiste dans la voie de la perfection sous la conduite de tels maîtres, au milieu de l'élite des jeunes clercs venus de toute la France [1]? Il puisa dans la mystérieuse influence de l'esprit de M. Olier, avec la science sacrée, l'habitude des vues surnaturelles, une piété droite et sans recherche, un respect profond des choses divines, et il avouait à ses plus intimes que c'est là qu'il avait trouvé l'esprit de Dieu.

Maintenant que Jean-Baptiste a répondu aux premiers dons divins, l'heure est proche où Dieu, comme récompense, va lui confier sa mission. Mais il veut auparavant le soumettre à l'épreuve et lui demander sacrifice sur sacrifice. A mesure qu'il correspondra à sa grâce, il le fera entrer peu à peu, et sans lui révéler encore son secret, dans la voie où il le doit conduire.

Frappé tout d'abord dans ses affections par la perte prématurée des auteurs de ses jours, et devenu le chef d'une nombreuse famille, quel parti va prendre Jean-Baptiste? Recevra-t-il les ordres sacrés? Rentrera-t-il dans le siècle pour y soutenir sa maison? Terrible

[1] Il y eut pour condisciples Fénelon et Paul de Godets des Marais, depuis évêque de Chartres, qui fut toujours son ami et son protecteur.

fut le duel de la nature et de la grâce. Il prie, il consulte, il cherche la volonté de Dieu; puis, dès qu'il l'a reconnue par la voix de son directeur, il tranche sans hésitation et renonce irrévocablement au monde. Il s'ensevelit dans le silence et le travail, passe chaque jour plusieurs heures en oraison, établit un ordre parfait dans la maison dont il est le chef, et assure la liberté et la fécondité de sa vie par sa fidélité inviolable à un sage règlement.

Sûr de sa docilité, Dieu commence à l'engager dans son dessein. Son ami, le pieux chanoine Roland, était mort entre ses bras, lui confiant la Congrégation enseignante du *Saint Enfant Jésus*, qu'il avait fondée sans pouvoir en assurer l'avenir. Jean-Baptiste, pour répondre à la confiance de son ami, fait diligence et ne se donne de repos qu'après avoir solidement assis son œuvre. C'était un premier pas. Puis, voici venir à Reims un instituteur rouennais, Adrien Nyel, qui cherche à y établir une école pour les enfants pauvres. N'écoutant que sa charité, Jean-Baptiste l'encourage, facilite l'ouverture d'une première, puis d'une deuxième école, groupe quelques maîtres, pourvoit à leur logement et à leur nourriture ; bientôt il se préoccupe de leur formation morale, s'éprend d'admiration pour leur rôle, les reçoit à sa table et finit par les loger chez lui. Il avance, il avance toujours; et cependant il ne voit pas encore où Dieu le mène. « Je n'y pensais nullement, dit-il..., ce dessein n'avait pu entrer dans mon esprit..., un engagement m'a conduit vers un autre. »

Soudain le voile se déchire ! Il a saisi toute l'importance de l'œuvre née sous sa main, il a entrevu la grandeur des desseins de Dieu, il sent que désormais tout repose sur lui, et que Dieu n'attend que son acceptation. Quelle perspective, juste ciel ! Lui, homme riche et délicat, prêtre, docteur, chanoine, devenir maître d'école ! Sa nature frémit, sa famille va se soulever, la ville va en rire ! Pour Jean-Baptiste, il n'y a plus qu'une question : Est-ce la volonté de Dieu ? Les directeurs de son âme lui déclarent qu'elle est manifeste. Il prononce le *fiat*, suit en aveugle l'appel divin, quitte son hôtel, et, le 24 juin 1680, il s'installe avec son humble troupe dans la maison de la Rue Neuve, qui devient le berceau de l'Institut ; dans cette maison, Éminence, où deux siècles plus tard, jour pour jour, la Providence vous réservait l'honneur unique de faire rentrer triomphalement ses fils.

Est-ce là, mon Dieu, ce que vous demandiez de votre serviteur ? Est-il maintenant en état de faire votre œuvre ? — Non ! Non ! Mon serviteur est encore loin de la perfection où je le veux conduire. Il est honoré, il est riche ; or, je n'ai besoin ni d'honneur ni de richesse. Arrière ces éléments périssables qui ne font valoir que l'homme ! Arrière les ressources humaines ! Qu'il soit bien manifeste que l'œuvre vient de moi seul ! Je l'ai marqué au front pour être le père d'une innombrable famille de maîtres humbles et pauvres ; un jour, il devra les dépouiller de leur nom, de leur fortune et de leur volonté pour en faire les serviteurs de l'enfance. Avant de lui donner ce pouvoir sur eux, je veux qu'il se soumette lui-même à cette rude épreuve.

Vous le voulez, Seigneur ? — C'en est fait. Jean-Baptiste, pour être plus libre, renonce à l'honneur de son canonicat. Mais de toute la ville s'élève une vaste clameur, sa famille humiliée le supplie de n'en rien faire, le chapitre en larmes veut le retenir, l'archevêque refuse son consentement. Vains obstacles ! La volonté de Dieu est claire; tout lui sera sacrifié. L'holocauste est si complet que, faisant taire la chair et le sang, Jean-Baptiste résigne sa dignité, non pas à son propre frère, mais à un étranger qu'il en estime plus digne.

Reste la fortune. La fortune sera sacrifiée, si Dieu le veut. Or, Jean-Baptiste a entendu ses pauvres maîtres gémir sur leur sort, il les a vus branler la tête quand il leur parlait de perfection, de pauvreté, d'avenir et de Providence. « Non, s'écrie-t-il un jour dans la ferveur de son oraison, non, je ne suis pas en droit de leur parler de la pauvreté si je ne suis pauvre moi-même, ni de l'abandon à la Providence si j'ai des ressources contre la misère. Périssent les biens de ce monde ! Dieu sera mon seul trésor. »

On le vit donc, Mes chers Frères, dans la terrible famine de 1684, on le vit chaque matin à genoux aux pieds des pauvres, en qui il adorait Jésus-Christ, leur distribuer tout son bien ; on le vit se faire à lui-même l'aumône de son dernier morceau de pain ; on le vit enfin, prodige d'humilité ! aller de porte en porte tendre la main, essuyer des rebuts comme un insensé, et manger avec des larmes de reconnaissance le pain noir qui lui était donné !

Voilà donc, ô mon Dieu, voilà donc votre œuvre ! Vous lui avez montré le calvaire et l'autel. Il y est monté et s'y est généreusement immolé ! Et maintenant, il en redescend dépouillé et meurtri, répudié par les siens, traité de fou par la sagesse humaine, mais tout brillant à vos regards de l'auréole de la parfaite charité !

Le voyez-vous devant vos yeux, Mes chers Frères, ce saint jeune homme ? Qu'il est beau sous l'éclat de ses trente-trois ans ! Sa noble démarche, sa douce gravité inspirent le respect ; son large front est tout chargé de hautes pensées ; son regard trahit, par sa limpidité, l'innocence de son âme ; le sourire de ses lèvres annonce la bonté de son cœur, et, sur son visage, se reflète une sérénité toute céleste. Quelle distinction dans sa tenue ! quelle grâce modeste dans ses manières ! Quelle affabilité dans son abord ! quelle onction dans sa parole ! Mais surtout quelle flamme de piété dans son cœur ! Dites-nous-le, autels sacrés, où déjà le rayonnement séraphique de son visage ravissait l'assistance ; dites-nous-le, tombeau de saint Remi, qu'il baigna de ses larmes durant tant de nuits ! Quel empire sur ses sens, quelles rigueurs contre son corps ! Ah ! parlez, trahissez vos secrets, petite cellule de la Rue Neuve, tout empourprée de son sang ! Mais vous seuls, anges du Ciel, pourriez nous dire jusqu'où s'élève sa force morale, sa possession de soi-même, son abnégation, son humilité, son amour de la volonté divine et la générosité de son dévouement !

Pour cette fois, ô mon Dieu, est-il prêt ? Il est mort au monde et mort à lui-même ; comme votre Christ, il connaît la sainte folie de la croix ; comme Lui, il est pauvre et humilié et ne veut plus que votre volonté ! Ah ! de grâce, envoyez-le au monde qui en a besoin, au monde qui le réclame, afin qu'il puisse rendre témoignage à la lumière qui est en lui.

II

Durant les longues oraisons de ses nuits pénitentes, Dieu a répandu sur Jean-Baptiste, selon la prophétie de Joël, son esprit vivificateur, et Jean-Baptiste est devenu un voyant : « *Effundam de spiritu meo, et filii vestri visiones videbunt* [1].

Qu'a-t-il donc vu ? Il a vu, Mes chers Frères, d'une part, des multitudes d'âmes mises en détresse par l'ignorance, et menacées dans leur foi par les nouvelles doctrines qui commençaient à souffler sur le monde ; il a vu, d'autre part, la volonté de Dieu de les sauver, et les moyens que sa miséricorde réservait à ces temps nouveaux ; puis, dans un mystérieux colloque, il a accepté de devenir l'instrument de cette miséricorde, et il a reçu, à cet effet, dans son âme l'effusion de l'Esprit Saint, c'est à dire la lumière de l'intelligence, la force de la volonté et le feu sacré de l'amour. Maintenant qu'il est oint et envoyé de Dieu, il va s'avancer sur la scène du monde pour rendre témoignage de sa mission et accomplir l'œuvre qui

[1] Joel. II 28.

lui est confiée d'en haut; *Venit ut testimonium perhiberet de lumine.*

Quel était donc, Mes chers Frères, l'objet particulier de cette mission de Jean-Baptiste de La Salle? Le voici. — A toutes les époques de l'histoire, l'Église catholique s'était vivement préoccupée de l'instruction du peuple, et, alors que les pouvoirs publics sommeillaient, elle avait tenté dans ce but tout ce que lui permettaient les circonstances. Interrogez les monuments de l'histoire, et vous y trouverez à chaque page les preuves de ses efforts incessants. Pour ne parler que de ce renouvellement de vie chrétienne opéré par le saint Concile de Trente, quelle merveilleuse floraison ne s'était-il pas produit d'instituts religieux voués à l'instruction des peuples! Il y en avait pour toutes les conditions, pour les ecclésiastiques et les laïques, pour les campagnes et pour les villes. Presque innombrables étaient les Congrégations vouées à l'éducation des filles. Et cependant, il faut bien en convenir, pour l'instruction des jeunes garçons du peuple il n'en existait point encore. Tout le monde connaît et révère, sans doute, les noms des saints pionniers de l'enseignement populaire, des Gérard Groot, des B. Pierre Fourier, des S. Joseph Calazanze, des César de Buz, des Charles Demia, des P. Barré; mais leurs essais pour constituer des associations de maîtres laïques exclusivement voués à ce genre d'enseignement étaient restés infructueux; ou ces associations avaient dévié de leur but, ou elles n'avaient pu s'étendre. Une grande place restait donc vide dans le champ de l'Église.

C'est cette place, Mes chers Frères, que Dieu avait montrée à Jean-Baptiste de La Salle dans la ferveur de ses oraisons; c'est ce vide qu'il lui avait donné mission de combler.

Il se présentait donc avec une conception nette et précise: celle d'un nouvel Ordre religieux d'un caractère universel, destiné exclusivement à l'éducation populaire des jeunes garçons. Il se levait sur le monde comme une douce aurore, et bientôt, montant comme le soleil au-dessus de l'horizon, il allait projeter ses bienfaisants rayons sur l'univers entier.

Ah! pour établir cet Ordre, que de contradictions il souffrira jusqu'à son dernier soupir! Mais que les obstacles se multiplient, que le monde se soulève, que l'enfer se déchaîne, il n'est rien, ni souffrance, ni abandon, ni dénûment, ni persécution, ni calomnie, ni exil, rien qui soit capable de l'arrêter jusqu'au jour où il pourra dire avec Jésus expirant: Tout est consommé, j'ai parfait l'œuvre que vous m'aviez confiée[1]. Et parce qu'il a seul reçu la plénitude de l'Esprit de Dieu pour le fonder et le maintenir dans sa voie, jamais il ne consentira ni à abandonner ni à changer le plan que Dieu lui a fait concevoir. Suivons-le donc dans le détail de son œuvre.

[1] *Consummatum est! — Opus consummavi quod dedisti mihi ut faciam.* (JOANN. XIX, 30; XVII, 4.)

A Reims, le saint prêtre ébauche son Ordre. Il groupe autour de lui quelques maîtres laïcs, s'attache quelques jeunes ecclésiastiques que son exemple entraîne dans les voies de la perfection ; il les réunit en une communauté religieuse, leur donne le nom de Frères des Écoles chrétiennes, leur impose un costume, arrête avec eux quelques sages règlements, jette autour de lui les écoles de Rethel, de Château, de Laon et de Guise, puis il se décide à se transporter à Paris. « Oh ! le téméraire ! s'écrient les prudents du siècle. Que va devenir ce faible arbrisseau ? Qu'il croisse donc plutôt dans le petit vallon où il a vu le jour, et qu'il redoute les ardeurs du soleil et le souffle impétueux des tempêtes ! » — « Demeurez avec nous, lui dit son archevêque, l'illustre Maurice Le Tellier ; ne sortez pas de mon diocèse, et votre Institut naissant est assuré de mes faveurs. »

Vaines menaces ! vaines promesses ! Jean-Baptiste connaît le plan divin. Il sait que l'institution que Dieu veut doit être générale et capable d'entreprendre la réforme de l'éducation des enfants du peuple dans le monde entier. Il lui faut donc un plus grand théâtre d'où elle puisse rayonner sur toute la terre. Aussi, rien ne le peut retenir, et, plein de l'esprit apostolique des François d'Assise et des Dominique, il part pour Paris, ne soupçonnant pas encore à quelles épreuves sa personne et son œuvre y seraient soumises.

Pour régénérer le monde, Mes chers Frères, quel

plan suivit le Fils de Dieu? Agit-il directement et personnellement sur les masses? Non. Il s'attacha à remplir de son esprit et de ses vues un petit nombre d'apôtres ; avant même de leur donner des préceptes, il les forma par ses exemples ; puis il leur confia le soin de son œuvre rédemptrice. Le Bienheureux Jean-Baptiste ne voulut point d'autre modèle.

Convaincu que les bienfaits de l'Institut naissant se mesureraient à la sainteté des maîtres, et que les maîtres ne porteraient que les fruits dont ils auraient pris le germe au noviciat, il voua toute son activité et tout son zèle à la formation de ses jeunes novices. Sollicitudes, fatigues, veilles, prières, pénitences, rien ne lui coûte. Pour chacun d'eux, il reprend le travail ardu qu'il a fait pour lui-même, c'est à dire mortifier le vieil homme et vivifier l'homme nouveau ; et, à l'imitation de Jésus, son modèle, il fait précéder le précepte de l'exemple personnel.

Avant toute chose, il les forme à l'humilité, à l'abnégation et à l'oubli d'eux-mêmes. Oui, qu'ils s'effacent partout, qu'ils s'attachent à n'être rien, afin que Dieu seul paraisse et soit glorifié ! C'est pour leur apprendre à trouver le parfait repos de l'âme dans ce mépris d'eux-mêmes qu'il leur a imposé et qu'il partage avec eux ce vêtement si pauvre, qui, un jour sans doute deviendra glorieux, mais qui, pour le présent, ne leur attire qu'invectives et sarcasmes.

Quelques-uns de ses premiers disciples sont venus à

lui l'esprit orné des lettres humaines ; qu'ils oublient lettres et sciences, qu'ils s'appliquent d'abord à l'unique science de Jésus-Christ, qu'ils imitent l'obscurité et l'humilité de sa vie et qu'ils se fassent comme lui, petits et obéissants ! Un instant il a songé à faire donner la prêtrise à quelqu'un de ses sujets, dont il fera plus tard le supérieur général de l'Institut. Un coup de Providence, la mort de ce frère d'élite, lui dessille les yeux. Qu'allait-il faire ? Ouvrir peut-être la voie à l'ambition, exposer son œuvre à dévier comme tant d'autres, et mettre dans son berceau un germe de ruine ? Sa résolution est bientôt prise. Il n'y aura jamais de prêtre dans l'Institut ; jamais on n'y fera d'études qui puissent conduire au sacerdoce ; toujours on y servira l'Église sans en avoir les dignités, et l'Institut sera rivé pour toujours, par son humilité même, à l'enseignement et à l'éducation des enfants du peuple pour lesquels il est créé.

Le Bienheureux forme ses disciples à la pauvreté et à la mortification. Quel maître, Mes chers Frères, qu'un homme qui exerce sur ses sens l'empire le plus absolu, qui s'est réduit, par la faim volontaire, à supporter les plus vils aliments, et qui ne trahit plus par aucun mouvement ni ses goûts, ni ses répugnances ! Quel maître, qu'un homme qui passe ses nuits en saintes veilles, ou ne dort que sur la planche ou la terre nue, qui ne quitte plus les haires, les cilices et les ceintures de fer, et qui fait de ces macérations le prélude obligé de toutes ses entreprises ! Mais, en revanche, quels disciples, Mes chers Frères, quels disciples en cet âge d'or ! Arrêtez-vous, curieux mondains, vous qui courez au désert, avides d'y contempler les merveilles de la vie des Jérôme et des Hilarion ressuscitées par le pieux de Rancé, arrêtez-vous aux portes de Paris ! Écoutez le bruit continuel des disciplines qui s'échappe de ce noviciat de Vaugirard si justement surnommé la *Petite Trappe !* Là, vous verrez des fils, saintement jaloux de leur père, essayer de le suivre dans les voies de la pénitence, affliger leur chair, vivre de privations, bénir Dieu dans la famine devant des tables vides, et savourer dans un absolu dénùment les plus pures joies du cœur !

Mais que serait la mortification du corps sans celle de l'esprit et de la volonté ? Rien, qu'un sujet d'orgueil. Aussi, le saint Fondateur s'attache surtout à former ses disciples à l'obéissance. L'obéissance ! Elle est, à ses yeux, le caractère propre et la pierre de touche du vrai religieux. Condamné par sa situation à commander, il n'est rien qu'il n'invente pour se procurer la joie et le mérite de la dépendance. Il est aux pieds du directeur de son âme comme aux pieds de Dieu même, il se soumet à sa règle comme le plus humble novice, et, trois fois, il tente de faire passer à d'autres mains la conduite de l'Institut, afin de pouvoir obéir à son aise. Faut-il s'étonner qu'il ne veuille accepter pour religieux que ceux de ses fils qui ont su faire mourir et la volonté propre et le propre jugement, et s'incliner docilement devant l'autorité?

Ah! Mes chers Frères, que notre Bienheureux était bien inspiré! Car si jamais l'esprit de soumission fut nécessaire dans les ordres monastiques, c'était bien à cette époque, où soufflait sur l'Église un vent d'insubordination et de révolte contre le Siège apostolique. Le Jansénisme était là, aux aguets, serpent tortueux et subtil, dressant contre le chef de l'Église sa tête altière, s'insinuant perfidement dans les maisons religieuses pour y infiltrer son venin et y préparer des agents de l'erreur. Vingt fois le séducteur se présenta à Jean-Baptiste et à ses disciples avec l'appât de l'or et des faveurs; vingt fois il fut repoussé avec mépris. Jean-Baptiste était si soumis au Pontife suprême et si jaloux de la pureté de sa foi, qu'il se plaisait à signer: « prêtre romain », qu'il se hâtait d'envoyer plusieurs de ses fils à Rome, prendre racine au centre de l'unité, qu'il sacrifiait de brillantes fondations plutôt que de pactiser avec la révolte, et que, jusque dans son testament, il recommandait à ses enfants cette parfaite soumission. Heureuse orthodoxie! heureuse obéissance! qui dressait une barrière infranchissable entre l'erreur nouvelle et les rangs du peuple, prémunissait l'Institut contre toute défection pour les jours mauvais, et sauvait la foi de la France!

Je serais infini, Mes chers Frères, s'il me fallait seulement énumérer les vertus que le Bienheureux fondateur inspirait à ses bien-aimés enfants. Leur inculquer l'estime de leurs fonctions, une sainte uniformité dans les procédés d'éducation, l'esprit de sacrifice, l'amour des âmes, la charité mutuelle, le goût de l'oraison, l'abandon à la Providence, l'union habituelle à Dieu, tel était l'unique but de ses efforts, l'unique sujet de ses entretiens. Recevoir les épanchements de leurs cœurs, les soutenir dans leurs peines, relever leur courage, sécher leurs larmes, leur écrire, les visiter en tous lieux, telle était toute la trame de sa vie. Aussi, qui dira le prestige de cet homme de Dieu au milieu des siens ? Qui dira le degré de confiance qu'il leur avait inspiré, l'affection dont il était entouré ? Maître des cœurs, réputé l'homme le plus doux de son temps, il ne demandait rien à l'autorité de sa charge, il agissait par l'irrésistible entraînement de sa vertu et semblait leur dire comme saint Paul aux Corinthiens : Soyez mes imitateurs comme je le suis de Jésus-Christ [1].

Mais pensez-vous, Mes chers Frères, que Satan pût voir sans frémir se développer cette redoutable milice ? Ah ! il en pressentait déjà trop la future influence. Aussi, écoutez comment il va cribler et le Fondateur et l'Institut. Assauts du dedans, assauts du dehors, défections de ses membres, fureurs populaires, jalousie des rivaux, rigueurs de l'autorité, tout conspirera pour la destruction de l'Ordre nouveau.

[1] *Imitatores mei estote, sicut ego Christi.* (Cor., IV, 16.)

Étrange phénomène ! Jamais on n'a vu d'institution plus utile à la société ; personne n'en conteste l'excellence ni la nécessité ; et pourtant, jamais Institut ne souffrit de plus universelle contradiction ; et encore, si l'on veut bien parfois applaudir à la fondation, le Fondateur est persécuté, calomnié et chassé de partout.

Trois fois ses premiers disciples se débandent à la vue de leur nouveau genre de vie, et trois fois il lui faut recommencer l'entreprise. A peine a-t-il installé quelques écoles à Paris, que les maîtres écrivains se liguent, les livrent au pillage, le poursuivent de quartier en quartier, le traînent devant les tribunaux, et, quinze ans durant, lui font une guerre sans merci. Ses protecteurs, ceux qui d'abord lui ont tendu les bras, et en qui il révère un caractère sacré, l'abandonnent, le repoussent et le laissent aux prises avec les extrémités de la misère. Ils daigneront pourtant lui continuer leurs faveurs, mais à condition qu'il modifie tout à leur gré, qu'il change et les règles et le costume et le gouvernement de l'Ordre, qu'il impose à ses fils les occupations les plus incompatibles avec leur mission, qu'il supprime le noviciat et qu'il substitue à l'unité un fractionnement indéfini. Le saint prêtre s'y refuse, car il sait que tel n'est point le dessein de Dieu. Dès lors, il n'est plus qu'un homme attaché à ses étroites idées, opiniâtre, incapable de gouverner ce qu'il a fondé ; on surprend l'autorité ecclésiastique, on le fait déposer et remplacer par un étranger. On flatte l'ambition de quelques Frères, et l'on fomente des schismes jusqu'au sein de l'Institut. Le Jansénisme, de son côté, se venge de la foi du saint Fondateur en le décriant dans d'odieux libelles. Jusqu'ici, du moins, son honneur a surnagé ; mais pour qu'il n'y ait plus en lui aucun refuge à l'amour-propre, Dieu permet qu'on lui intente un procès qui aboutit à une condamnation flétrissante, et il se voit obligé de disparaître pour un temps du théâtre de son zèle et de laisser flotter sa petite barque à la garde de la Providence.

A tant d'injustices, qu'oppose notre saint Fondateur ? — Rien que le silence, le pardon, la patience, l'aménité et l'abandon à la volonté divine. « Partout, dit-il, je trouverai Dieu, et plus je souffrirai, plus je me rapprocherai de Jésus-Christ. » — Il n'impute qu'à ses péchés les épreuves qui l'atteignent. « Bénissons Dieu, dit-il au plus fort de l'orage et quand la coupe déborde ; il nous aime, puisqu'il nous traite comme son divin Fils. » Il cherche sa consolation et sa force dans les saintes solitudes de la Chartreuse et de Parménie, et il attend avec confiance l'heure de Dieu.

Elle sonne enfin, Mes chers Frères, cette heure si longtemps attendue, et elle sonne de son vivant ! L'enfer a travaillé, mais contre lui-même, et voici que Dieu verse à flots ses bénédictions sur ce nouveau Job. D'où viennent, en effet, ces maisons brillantes que j'aperçois sur tous les points de la France, à Paris, à Dijon, à Marseille, à Grenoble, à Rouen, à

Boulogne et en tant d'autres villes ? Ah ! c'est que le vent de la persécution a porté partout la semence de l'Œuvre. Voici que toutes les provinces se disputent l'honneur de posséder les enfants du saint Fondateur ; voici que les Évêques les appellent dans leurs diocèses; voici que le grand Roi le comble de ses largesses, et que l'Institut raffermi l'entoure de la plus tendre vénération; voici que cinquante de ses premiers fils quittent la terre avec tous les signes de la prédestination, pour aller, suivant son expression, « respirer l'air natal au paradis ». Enfin, l'année 1717 voit l'achèvement complet de l'organisation, et le Bienheureux peut entonner au milieu de ses fils l'hymne de l'action de grâces : « Dieu soit béni ! s'écrie-t-il, notre Œuvre pour l'éducation chrétienne des enfants me survivra, et rien n'y sera changé ! »

Soufflez maintenant, ô Esprit de Dieu, et, sous votre souffle, l'Institut, mûr pour l'action, va se répandre sur toute la terre, porteur des saines doctrines dont il est nourri !

III

Toutefois, Mes chers Frères, la fondation de ce nouvel Ordre religieux n'était encore, dans les vues du Bienheureux, qu'un moyen. La fin véritable de sa mission, l'objet de toutes ses aspirations était l'instruction et l'éducation chrétienne des enfants du peuple. Lutter contre l'ignorance, répandre à flots l'instruction dans les masses, et surtout faire connaître, aimer et pratiquer la vertu, telle fut, durant les quarante dernières années de sa vie, son unique et constante préoccupation. « *Venit ut omnes crederent per illum.* » C'est par ces efforts incessants qu'il devait conquérir le titre d'éducateur incomparable et d'apôtre de l'enfance.

Deux choses, Mes chers Frères, manquaient encore en son temps en matière d'instruction : Une démarcation précise entre l'enseignement classique et l'enseignement populaire, et une diffusion générale de ce dernier. Dans la plupart des *Petites Écoles*, dirigées alors par des prêtres, le latin avait continué à faire la base de l'enseignement ; et ces *Petites Écoles*, fondées au moyen âge, mais tombées en discrédit, en répondaient plus, ni par leur nombre, ni par les talents de leurs maîtres, aux nouveaux besoins de la société.

Quel est donc le caractère précis qui distingue, comme éducateur, le Bienheureux Jean-Baptiste de La Salle? C'est qu'il apporte avec lui cette double conception : un système nettement défini d'enseignement populaire et un plan de généralisation des écoles primaires chrétiennes. Admirons ici, Mes chers Frères, comment à côté de la sainteté éclate le génie, et comment l'homme de Dieu devance et entraîne son pays dans les voies du vrai progrès.

Le premier, en effet, Jean-Baptiste de La Salle conçoit et organise un système complet d'enseignement pour toutes les carrières qui n'exigent pas la connaissance des langues anciennes, et il l'établit sur la base de la langue nationale. Malgré les résistances d'une routine invétérée, malgré les observations des personnages pour qui il professe la plus entière déférence, c'est par la langue nationale, et non plus par la langue latine, qu'il initiera le jeune âge à la lecture; c'est dans la langue nationale qu'il prendra son point de départ pour l'enseignement populaire, et c'est ainsi qu'il créera, le premier, la distinction fondamentale entre ces deux ordres d'enseignement.

Cette distinction établie et maintenue contre tous, il devient le grand législateur de l'enseignement populaire, et, de ses mains, jaillit, toute faite, une université primaire répondant à tous les besoins et ne laissant personne en dehors de son action. Création magnifique, bien plus parfaite que celle qui lui a succédé, et qui a plutôt copié que modifié son organisation!

Non seulement en effet il crée d'un jet cet admirable Institut dont nous avons parlé, ce corps enseignant, ces maîtres chrétiens, ces noviciats pour les former, cette autorité centrale pour les conduire, ces asiles pour leur servir de retraite à l'âge de la défaillance ; mais il suscite, tout à côté, un corps auxiliaire pour pénétrer dans les campagnes où les Frères ne pourront aller ; il fonde des Séminaires de maîtres d'écoles, types de nos futures écoles normales, en vue d'y former de bons et vertueux maîtres laïques. Et ici encore, Mes très chers Frères, c'est notre ville de Reims qui eut l'honneur d'être le berceau du premier établissement de ce genre, le plus ancien dont il soit fait mention en Europe dans les annales de l'instruction publique. Ah ! qu'il était loin de soupçonner, ce grand citoyen, qu'on pût un jour, dans la France chrétienne, établir des distinctions jalouses et passionnées entre des maîtres, soumis, sans doute, dans leur vie privée, à des règles différentes, mais tous également voués au service des intérêts sacrés de la famille et de la société !

Le premier, il sème les écoles primaires sur tout le sol de la France et jusque dans les nations voisines, et il pose les éléments d'une diffusion qui ne s'arrêtera plus qu'aux limites du monde.

Le premier, il ouvre à des multitudes de jeunes gens ces vastes pensionnats dont les programmes donnent satisfaction à leurs aspirations plus modestes et à leurs besoins sociaux.

Le premier, et bien longtemps avant les cours publics tant vantés de Florence, il institue des écoles dominicales où l'enfant de l'atelier et l'artisan viennent puiser, avec des principes moralisateurs, les notions des mathématiques, du dessin et de tous les beaux-arts.

Le premier, il accueille dans des maisons de correction ou de force les fils indociles des meilleures familles, dont il cultive l'esprit tout en ramenant leur volonté au devoir.

Le premier enfin, il crée ces écoles spéciales où la jeunesse trouve, suivant ses besoins, un enseignement commercial et technique.

Et ne croyez pas, Mes chers Frères, que notre Bienheureux se borne à concevoir et à jeter sur le papier les plans de cette vaste organisation. Non, non ! Son action est bien plus profonde. Rien n'échappe à cet esprit éminemment pratique. Mesures hygiéniques dans l'établissement des maisons et des classes, distribution du travail quotidien, développement rationnel des facultés de l'enfant, ingénieux moyens d'émulation, bon ordre dans les mouvements, sage modération des sanctions disciplinaires, il a tout prévu, il a tout réglé.

Observateur profond, il sonde la nature de l'enfant, il connaît ses aspirations, ses besoins, ses aptitudes, il formule et codifie les lois de son esprit, il distribue à chaque âge et à chaque condition la dose de connaissances qui lui convient le mieux, et il ne dédaigne pas, ce savant docteur, d'écrire des manuels, des catéchismes et des alphabets qui serviront à entr'ouvrir l'intelligence du plus humble des fils du peuple.

Il rencontre établi partout le mode aussi lent qu'infécond de l'enseignement individuel; hardiment et de prime abord il y substitue le mode d'enseignement simultané, et, par là, il assure à ses écoles une supériorité si incontestable que ses adversaires eux-mêmes, après des luttes aussi longues que passionnées et stériles, se voient obligés de lui rendre hommage et d'y recourir [1].

Il trace enfin, d'une main sûre, ce fonds inépuisable de sages règlements dont il ne sera plus possible désormais de s'écarter, et qui rendront à jamais tous les pays du monde, en matière d'enseignement, tributaires de la nation française.

Et pourtant, le dirai-je? Cet enseignement, si cher à son cœur, n'était pas encore le terme des pensées du Bienheureux. Ce terme suprême et essentiel, quel

[1] On n'a pas oublié que, jusque sous la monarchie de Juillet, le Libéralisme mit tout en œuvre pour renverser le système d'enseignement des Frères des Écoles chrétiennes, en essayant de substituer au mode simultané le mode mutuel préconisé par l'Anglais Lancaster.

était-il donc, Mes chers Frères? C'était, hâtons-nous de le dire, la formation des âmes à la vertu par l'éducation chrétienne.

Oui, l'éducation chrétienne, telle est la fin de sa mission divine, tel est le but qu'il assigne à son Institut, tel est l'esprit qu'il inculque à ses disciples. « Vous êtes, leur dit-il, les coopérateurs de Jésus-Christ dans la culture des âmes! » L'instruction, en effet, peut bien donner la science, l'éducation seule donne la vertu; l'instruction ne s'adresse qu'à l'esprit, l'éducation cultive l'homme tout entier, son corps, son cœur et sa volonté; l'instruction est utile pour la vie présente, l'éducation conduit à la vie éternelle; l'instruction pourra se modifier selon les temps et les lieux, l'éducation chrétienne restera la même, dans ses principes fondamentaux, en tous temps et en tous lieux. C'est donc vers l'éducation que son Institut devra principalement tourner ses efforts.

Mais que devra être l'École, dans la pensée du Bienheureux? — Pas autre chose que le noviciat du christianisme, que la préparation sérieuse aux devoirs de la vie religieuse et civile. Et cette initiation, en quoi consistera-t-elle? Sera-ce dans une connaissance simplement théorique de la vérité et du devoir? — Non, Mes chers Frères; ce sera bien plutôt dans la mise en pratique de la théorie, par l'habitude précoce de la vertu.

A ceux qui lui demandaient à quelles sources il entendait puiser ses principes d'éducation: « Je n'en veux point d'autres, répondait-il, que Dieu, en dehors duquel il n'y a point de sanction pour la morale ; que la religion, qui est la manifestation des volontés divines ; que la famille, dont les exemples et les enseignements doivent soutenir ceux du maître ; que la conscience enfin, bien éclairée par la connaissance des vérités nécessaires et fortement nourrie du sentiment du devoir. »

Aussi, lorsque les sages du monde, en quête des meilleurs procédés d'éducation, portaient leurs pas vers quelqu'une de ses écoles, qu'y rencontraient-ils ? — Ils y trouvaient un maître pénétré de la sainteté de sa mission, agissant sur les enfants par l'ascendant moral, ouvrant leurs jeunes cœurs à la confiance sans se laisser manquer d'égards, développant avec méthode toutes leurs facultés, ornant leurs esprits de toutes les connaissances nécessaires, leur inspirant le respect d'eux-mêmes, l'horreur du mal, la fuite des mauvaises compagnies, les vertus chrétiennes et les vertus civiles, l'amour de la famille et de la patrie, l'obéissance aux lois, la fidélité à la voix de la conscience, et le sentiment affectueux de la présence de Dieu. A la vue de ces merveilles, ils sentaient souvent couler leurs larmes et n'hésitaient point à reconnaître qu'il est impossible de concevoir un système d'éducation plus complet, plus en harmonie avec les facultés humaines et plus utile à la société ; ils n'hésitaient point à proclamer que le saint Fondateur avait, autant qu'il est possible, réalisé l'idéal.

La mission du Bienheureux était donc remplie. Malgré les contradictions des hommes, l'œuvre de Dieu était fondée et solidement assise, et l'avenir apparaissait rayonnant d'espérance. Aussi, désormais tout entier à l'oraison, dégagé de toute attache terrestre, semblable à un ange revêtu d'une enveloppe mortelle, le Serviteur de Dieu, dans sa retraite de Saint-Yon, s'abandonnait aux mouvements de l'Esprit Saint. A mesure que son corps, spiritualisé par les macérations, allait s'affaiblissant, sa pensée se baignait plus librement aux clartés de la lumière céleste. Enfin l'heure de la récompense sonna. Le jour du Vendredi Saint 1719, son âme s'envolait vers les demeures éternelles, et, à peine y avait-elle fait son entrée, que les plus riches bénédictions du ciel tombaient sur son Institut, dont le développement et les succès ne cessèrent plus de croître.

Aujourd'hui, ô Bienheureux Jean-Baptiste, deux siècles se sont écoulés, les révolutions ont passé sur votre œuvre,et votre œuvre est debout, plus florissante que jamais. On dit qu'un des plus fameux capitaines de l'antiquité, voulant prouver à sa patrie la grandeur de ses victoires, fit répandre devant le sénat de Carthage un boisseau d'anneaux d'or enlevés aux doigts des chevaliers romains tombés dans les plaines de Cannes. Mais vous, ô Bienheureux Jean-Baptiste, s'il vous était donné, par une permission divine, d'apparaître à nos regards au milieu de cette immense assemblée, quels signes pourriez-vous apporter à Reims, votre berceau, à la France, votre patrie, à l'Église, votre mère, du nombre et de la grandeur de vos services ?

Ah ! sans doute, vous pourriez entasser sous nos yeux étonnés des monceaux de médailles conquises par vos Fils dans les pacifiques tournois de la science, et des montagnes de lauriers cueillis sur les champs de batailles et sur tous les théâtres du patriotisme et de la charité ! Sans doute, vous pourriez produire toute une bibliothèque de titres élogieux décernés à votre Institut, à vos méthodes et à vos œuvres par les représentants de l'autorité civile et religieuse, Magistrats, Évêques, Princes, Rois ou Papes. Mais surtout, vous nous montreriez, avec une légitime fierté, l'ignorance dissipée au sein des masses populaires, la foi conservée, les mœurs épurées, les familles unies et respectées ; vous nous montreriez cette foule de pieuses Congrégations suscitées par votre exemple et créées à l'image de la vôtre pour travailler au même but ; vous nous montreriez et le nom de la France devenu par vous plus grand, plus connu, plus aimé, et sa langue plus répandue, et son influence plus puissante ; vous nous montreriez toutes les nations étrangères appelant à elles vos Fils et appliquant à leur profit votre système d'éducation, désormais victorieux de tous les assauts ; vous nous montreriez et l'Église de la terre étendant par vous ses conquêtes sur les plages les plus reculées, et l'Église du ciel peuplée d'une infinité d'élus qui vous devront à jamais leur salut ; vous nous montreriez enfin, comme source de nouvelles espérances, à côté de vos trois cent mille élèves, vos douze mille Frères, représentés naguères aux pieds du Vicaire de Jésus-Christ, toujours animés de votre esprit, toujours enflammés de votre zèle, retrempés dans la ferveur par les épreuves, et marchant fièrement à de nouvelles conquêtes. Disons-le donc bien haut, ô Bienheureux Jean-Baptiste, votre patrie vous a des obligations éternelles ! Priez, priez pour elle, afin qu'elle ouvre bientôt les yeux, qu'elle comprenne que l'irréligion serait sa ruine, qu'elle abjure des erreurs qui la tuent, et qu'elle paie enfin à votre mémoire sa dette de reconnaissance !

5479 Imprimerie coopérative de Reims (N. Monce, dir.), rue Pluche, 24.

www.ingramcontent.com/pod-product-compliance
Ingram Content Group UK Ltd.
Pitfield, Milton Keynes, MK11 3LW, UK
UKHW021958260726
13994UKWH00004B/1826

9 782329 378695